· 从 小 爱 悦 读 ·

思维导图

启 文　郝建国　主编

《三十六计》的奥秘

启 文　本书主编

花山文艺出版社

河北·石家庄

图书在版编目（CIP）数据

三十六计的奥秘 / 启文主编 . -- 石家庄：花山文
艺出版社，2023.1（2024.3 重印）
（从小爱悦读 / 启文，郝建国主编 . 思维导图）
ISBN 978-7-5511-6618-8

Ⅰ . ①三… Ⅱ . ①启… Ⅲ . ①《三十六计》—儿童读
物 Ⅳ . ① E892.2-49

中国国家版本馆 CIP 数据核字（2023）第 026564 号

丛 书 名：从小爱悦读·思维导图
主   编：启 文 郝建国
书   名：《三十六计》的奥秘
　　　　　Sanshiliu Ji De Aomi
本书主编：启 文

策划统筹：王玉晓
责任编辑：王 磊
封面设计：博文斯创
美术编辑：王爱芹
出版发行：花山文艺出版社（邮政编码：050061）
　　　　　（河北省石家庄市友谊北大街 330 号）
销售热线：0311-88643299/96/17
印   刷：金世嘉元（唐山）印务有限公司
经   销：新华书店
开   本：720 毫米 × 1020 毫米　1/16
印   张：8
字   数：100 千字
版   次：2023 年 1 月第 1 版
　　　　　2024 年 3 月第 2 次印刷
书   号：ISBN 978-7-5511-6618-8
定   价：26.80 元

前　言

阅读，是孩子认识世界、丰富心灵、获取知识的最可靠途径。

"从小爱悦读"丛书既包含虚构类的中外文学名著故事，也有国学经典的启蒙读本，以及科学通识百科趣味读本。"从小爱悦读"丛书以彩绘注音的形式，帮助小读者跨越阅读障碍；标注好词好句，帮助小读者积累词汇；用思维导图提炼全书精华，激发小读者的想象力和逻辑思维能力。

思维导图是一种表达发散性思维的有效图形思维工具。

孩子们在阅读的初级阶段，接收的信息往往是分散的、模糊不清的。这时，就需要通过归纳、总结、分类、比较等思维方法将信息进行梳理。

将一本书用文字、线条、图形加以描画或记录，会使孩子们的整个阅读过程更加形象具体，更加生动有趣，能激发孩子们的想象力和创造力。如果我们将一本书比作宝藏，孩子的读书过程就是寻宝，而思维导图就变成了寻宝图。当孩子带着寻宝冒险的想法开始阅读，他的体验一定是快乐的，读后自然收获满满。

让孩子带上寻宝图（思维导图），开始一段愉快又紧张的阅读之旅吧！

思维导图
使用方法

　　阅读一本书，有的孩子会记住好词好句，有的孩子会被好玩的故事吸引，有的孩子会喜欢上书中可爱的人物，还有的孩子想了解故事背后的东西……当我们有了思维导图，在寻宝过程中，按图索骥，就可以挖掘到更多的内容哟!

第一层：把握这本书的主要内容

　　不论是虚构类故事，还是非虚构类故事，我们读过一遍，首先要知道这本书写了什么。

第二层：厘清这本书的层级脉络

　　每一本书都有自己的成书逻辑，孩子的阅读过程就是思维逻辑训练的过程。

第三层：体会这本书有趣的地方

　　有的书，故事引人入胜；有的书，人物性格鲜明；有的书，文辞特别优美。用心发现每本书的与众不同，这是挖宝过程中最有趣的部分。

第四层：延伸拓展，寻找下一座宝藏的线索

　　每一座宝藏都不是孤立存在的，我们可以通过关于这座宝藏的信息，找到新的宝藏。

第五层：绘制自己的寻宝图

　　这里的寻宝图，并不是十全十美的，小读者可以通过阅读，细化思维，制作属于自己的丰富而有趣的思维导图。

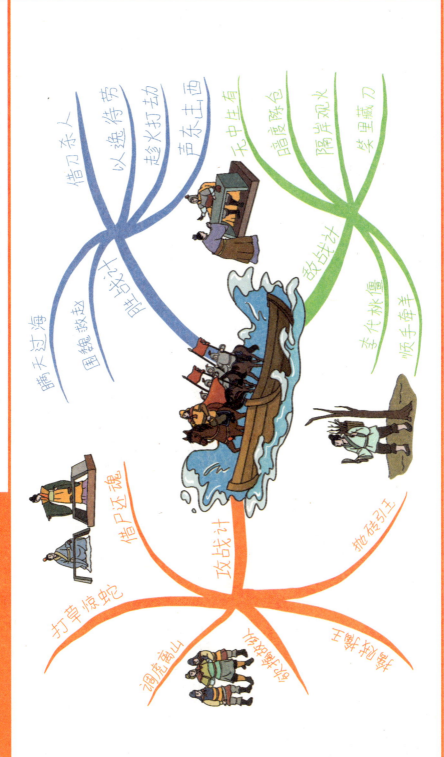

《三十六计》名目图一

《三十六计》的奥秘

瞒天过海
围魏救赵
借刀杀人
以逸待劳
趁火打劫
声东击西

胜战计

无中生有
暗度陈仓
隔岸观火
笑里藏刀

敌战计

李代桃僵
顺手牵羊

借尸还魂
打草惊蛇

攻战计

调虎离山
欲擒故纵
抛砖引玉
擒贼擒王

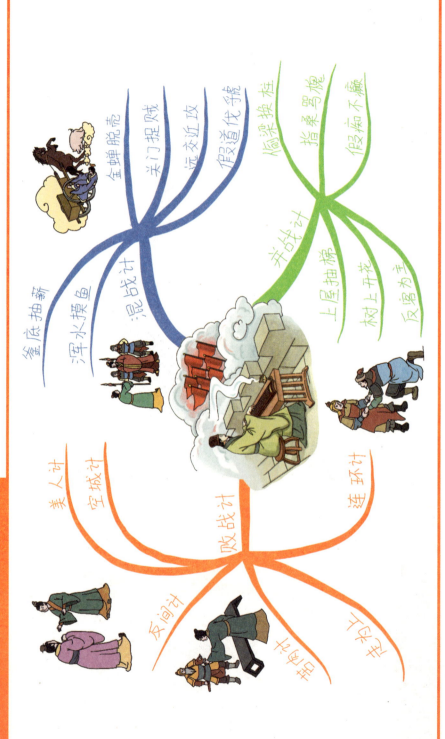

釜底抽薪
浑水摸鱼
混战计
金蝉脱壳
关门捉贼
远交近攻
假道伐虢

偷梁换柱
指桑骂槐
假痴不癫
并战计
上屋抽梯
树上开花
反客为主

美人计
空城计
败战计
连环计
反间计
苦肉计
走为上

目录

胜战计

shèng zhàn jì

第一计 瞒天过海
mán tiān guò hǎi

妙计破译

fáng bèi zhōu mì róng yì shǐ rén sōng xiè dà yì
防备周密容易使人松懈大意，

cháng jiàn de shì wù fǎn ér bú huì yǐn qǐ huái yí
常见的事物反而不会引起怀疑。

jiāng yǐn mì de shì wù yǐn cáng zài gōng kāi de shì
将隐秘的事物隐藏在公开的事

wù zhī zhōng ér bú shì yí kàn jiù yǔ zhī xiāng duì
物之中，而不是一看就与之相对

lì yuè shì tǎn dàng gōng kāi de shì wù zhōng wǎng
立。越是坦荡公开的事物中，注

wǎng yǐn cáng zhe de mì mì yuè shēn
注隐藏着的秘密越深。

唐太宗渡海
táng tài zōng dù hǎi

gōng yuán nián liáo dōng dì qū de yí gè xiǎo guó yīn wèi
公元643年，辽东地区的一个小国因为

bèi lín guó qīn fàn pài chū shǐ chén lái xiàng dà táng qiú yuán táng
被邻国侵犯，派出使臣来向大唐求援，唐

tài zōng jué dìng yù jià qīn zhēng shuài lǐng sān shí wàn dà jūn hào hào dàng
太宗决定御驾亲征，率领三十万大军浩浩荡

dàng de chū fā le
荡地出发了。

dào le hǎi biān táng tài zōng kàn dào guǎng mào wú yín de hǎi
到了海边，唐太宗看到广袤无垠的海

yáng bái làng tāo tiān yí wàng wú jì sān shí wàn dà jūn zhàn zài
洋白浪滔天，一望无际，三十万大军站在

它的面前，竟渺小得如同尘埃一般，不由得心生恐惧，踟蹰不前。

这时，军中前部总管张士贵的幕僚刘君昂举荐了一个名叫薛仁贵的武士，说此人有办法让大军安然渡海。

当时，唐太宗正为渡海的事发愁，突然有人前来禀报，说当地有个大富豪求见，愿意为三十万兵马捐献粮草。唐太宗一听，非常高兴，立马宣这个富豪觐见。

富豪邀请唐太宗和文武大臣去他家中

做客。唐太宗刚一坐下，悠扬的乐声就响了起来，美丽的舞姬随着乐声翩然舞动，衣袂飘飘。接着，许多仆从捧着美酒佳肴，鱼贯而入。唐太宗和众大臣对富豪的招待很满意，他们开怀畅饮，一时之间都忘了自己身在何处。

也不知过了多久，有人将挡在四周的帷幔掀开。只见帷幔之后，竟是一片汪洋大海。唐太宗悚然一惊，问道："这究竟是怎么回事？"见皇上已经察觉出问题，张士贵赶紧起身回话："这便是微臣想出的渡海之策，如今我们已经快到东岸了！"

妙计破译

与敌人交战，与其直接与对方正面对抗，不如先用计谋分散对方的兵力，然后再选择各个击破。攻打敌人，与其正面出击，不如采取迂回策略，先攻击敌人虚弱的后方。

第二计

围魏救赵

以柔克刚

公元前353年，魏惠王派大将军庞涓带领十万大军攻打赵国都城邯郸。魏军军力强盛，没过多久就打到邯郸城下，把邯郸城围了个水泄不通。赵王吓坏了，赶紧派人给老邻居齐国送去一封求援信，承诺如果齐国肯救赵国，那等赵国脱困之后，就把

中山国拱手送给齐国作为报酬。收到赵国
的求援信之后，齐威王派大将田忌和军师
孙膑率兵奔赴战场，负责这次对赵国的救
援行动。

　　齐国大军到达赵、魏两国的交界后，
田忌准备直接带兵奔赴邯郸，却被孙膑制止
了。孙膑告诉田忌说："解开乱丝的人，不
能握紧拳头生拉硬扯；解救斗殴的人，不

能也参与进去胡乱搏击。要抓住争斗者的要害，争斗者因形势所限，就会自行解开。

"现在魏、赵两国相互攻打，精锐部队必定在国外筋疲力竭，老弱残兵在国内疲惫不堪。你不如速速率军赶往魏国都城大梁，占据其交通要道，冲击其空虚之处，魏国肯定会放弃赵国而回师自救。这样，我们就一举解了赵国之围，而收到了魏国自行挫败的效果。"

田忌听了很高兴，认为此计可行，于是按照孙膑的建议，没有前往邯郸，而是率军攻打魏国，目标直指大梁城。庞涓收到消息之后，果然立即率军回援，邯郸的危机就这样解除了。而在庞涓率军回援的时候，齐军早已埋伏在中途，以逸待劳，最终大败魏军，还擒获了庞涓。

第三计

借刀杀人

dí rén de qíng kuàng yǐ jīng shí fēn míng liǎo
敌人的情况已经十分明了，

dàn méng yǒu de tài dù hái bù míng què　lì yòng
但盟友的态度还不明确，利用

méng yǒu de lì liàng qù xiāo miè dí rén　zì jǐ jiù
盟友的力量去消灭敌人，自己就

bù xū yào zài fù chū shén me lì liàng　huò chéng dān
不需要再付出什么力量，或承担

shén me zé rèn　zhè shì cóng sǔn guà tuī yǎn chū lái
什么责任，这是从损卦推演出来

de jì cè
的计策。

èr táo shā sān shì
二桃杀三士

chūn qiū shí qī de gōng sūn jiē　tián kāi jiāng hé gǔ yě zǐ
春秋时期的公孙接、田开疆和古冶子

shì qí jǐng gōng de chén zǐ　tā men yǒu chì shǒu bó jī měng hǔ zhī
是齐景公的臣子，他们有赤手搏击猛虎之

yǒng　dàn xìng gé jiāo hèng　bù jiǎng zūn bēi lǐ yí
勇，但性格骄横，不讲尊卑礼仪。

yǒu yì tiān　yàn zǐ duì qí jǐng gōng shuō　xiàn zài nín xù
有一天，晏子对齐景公说："现在您蓄

yǎng de yǒng shì　duì shàng bù jiǎng jūn chén dà yì　duì xià bù shǒu
养的勇士，对上不讲君臣大义，对下不守

zhǎng yòu lún cháng　duì nèi bù néng jìn zhǐ bào luàn　duì wài bù néng wēi
长幼伦常，对内不能禁止暴乱，对外不能威

慢敌人。这是祸国殃民之人，不如赶快除掉。"

齐景公觉得晏子说得有理，可是这三人太勇猛了，他担心会失败。怎么办呢？

晏子想出了一个办法：他让齐景公赏给三人两个桃，并说："你们为何不按功劳大小来吃桃呢？"

公孙接见人多桃少，赶紧讲述自己的功劳："我曾经打败了野猪和正在哺乳的母虎，这样的功劳可以单独吃一个桃，不用和别人分享。"说完就拿起了一个桃。

田开疆不甘示弱，说道："我手持兵器，两次击退敌军，这种功劳也可以单独吃一个桃，不用和别人分享。"说完拿起了剩下的一个桃。

古冶子很不服气，说："我以前跟随国君横渡黄河，曾潜到水里，杀死了一只咬住国君车马的大鳖，然后像仙鹤那样跃出水面。岸上的人见了，都吃惊地说：'河神出来了！'这样的功劳也可以单独吃一个桃，而不用和别人分享。你们为什么不把桃交给我！"说完，古冶子抽出宝剑，站了起来。

公孙接、田开疆听了，惭愧地说："我们的勇敢和功劳确实比不上您，却不知谦让，这是贪婪。贪婪却恬不知耻地活着，还称得上勇敢吗？"于是他们交出桃，拔剑自刎了。

古冶子见了，也十分羞愧，说："他们都死了，只有我独活，这是不仁；用言语羞辱别人，吹捧自己，这是不义。"于是放下桃，也自杀了。

妙计破译

想让敌人处于困顿的境地，不一定非得出兵去攻打他，而是可以采用"损刚益柔"的方式，来让敌人由盛转衰，由强变弱，之后再去攻击他。

第四计
以逸待劳

王翦的破敌妙策

公元前226年，秦王嬴政准备出兵讨伐楚国。他问秦将李信需要多少人马，李信说："最多二十万人就够了。"嬴政又问老将王翦需要多少人马，王翦回答："非得六十万人不可。"

嬴政听了，笑道："王将军老喽！"然

后调动二十万人，由李信和另一名大将蒙
恬率领，攻打楚国。结果，李信率领的军
队被楚军打得落荒而逃。

军情紧急，嬴政震怒之余，亲自来找
王翦承认错误，请王翦出山。王翦仍然坚
持要六十万人，嬴政毫不犹豫地答应了。

很快，王翦率领六十万大军出发了。

与此同时，楚国大将项燕率领全部主力严阵以待，准备与秦军决一死战。

可是，王翦到达战场后，只是专心修筑营垒，无论楚军怎么挑衅，他都坚守不出。此外，他还注重提高秦军的生活质量，让士兵们每天洗澡、吃好喝好，闲来无事就玩玩投石、跳远之类的游戏，不亦乐乎。

项燕始终找不到战机，就率军向东转移。没想到王翦看似无心打仗，其实时刻关注着楚军的动向。楚军一转移，他就下令秦军追击。秦军养精蓄锐了很久，个个摩拳擦掌，而楚军完全没有防备，所以根本不是秦军的对手。很快，楚军全线崩溃，项燕战死。

接着，秦军一路攻城略地，最后打到楚国都城，俘虏了楚王，楚国灭亡。

第五计

chèn huǒ dǎ jié
趁火打劫

妙计破译

zài dí fāng chū xiàn wèn tí shí jiù yīng gāi
在敌方出现问题时，就应该

chèn jī jìn gōng duó qǔ shèng lì zhè shì lì yòng
趁机进攻，夺取胜利，这是利用

yōu shì zhuā zhù zhàn jī cóng ér zhì fú ruò dí
优势、抓住战机，从而制服弱敌

de cè lüè
的策略。

chèn huǒ dǎ jié zhòng diǎn zài yú guān chá
"趁火打劫"，重点在于观察

shí jī hé bǎ wò shí jī chèn jī qǔ shèng
时机和把握时机，趁机取胜。

shuí tōu le jiā shā
谁偷了袈裟

xiǎo shuō xī yóu jì zhōng yǒu zhè me yì huí táng sēng
小说《西游记》中有这么一回：唐僧

shī tú zài qǔ jīng tú zhōng lù guò yí chù sì yuàn míng wéi guān yīn
师徒在取经途中路过一处寺院，名为观音

chán yuàn dāng shí tiān sè yǐ wǎn yú shì tā men jué dìng zài cǐ
禅院。当时天色已晚，于是他们决定在此

jiè sù
借宿。

zhè guān yīn chán yuàn de yuàn zhǔ shì gè shàng le nián jì de hé
这观音禅院的院主是个上了年纪的和

shang mǎn liǎn zhòu wén jiù lián yāo bèi dōu kuài zhí bù qǐ lái le
尚，满脸皱纹，就连腰背都快直不起来了。

老和尚打量了唐僧一番，慢悠悠地问道："听说你们是从东土来的？走了多少路程啊？"

唐僧回答说："出长安边界，大约有五千里；过了两界山，又经过西番哈哒国，又行五六千里，方才到达贵地。"

老和尚又问唐僧："大师自天朝上国而来，想必一定有不少好宝贝吧？能不能也拿出来让我长长见识呀？"唐僧自然是谦虚地说自己没有什么宝贝，但孙悟空一心想要炫耀，于是大声说道："师父，前日我还在包袱里见到你的那件袈裟，那可是真宝贝，就拿给他看看好了！"说着，孙悟空已经自顾自地从包袱里取出袈裟，展开在众人面前，霎时间红光满室，彩气盈庭。

那老和尚从没见过这么华美的袈裟，激动得两眼放光。他对唐僧说："要不您把袈裟借我拿去后房仔细看看，明早再送还？"唐僧虽然不太乐意，但又实在不好拒绝，最后只得不情不愿地把袈裟借给了老和尚。

老和尚打从看到袈裟的第一眼，就已经生出了贪婪之心，如今将其骗到手，那就更不可能再还给唐僧了。为了将宝贝据为己有，老和尚打算夜里去放把火，烧死唐僧。但是，他的诡计怎么逃得过孙悟空的眼睛？孙悟空一个筋斗翻上南天门，找广目天王借来避火罩，将唐僧等人以及他们的行李都罩了起来。

半夜，和尚们果真开始放火。孙悟空见状，对着火苗吹了一口气，大火瞬间烧得更旺了。须臾之间，整座禅院都淹没在了火海之中。

然而，就在孙悟空忙着和这群坏和尚

"斗法"的时候，不远处的黑风山上，一只黑熊精被惊醒了。黑熊精见禅院火光冲天，觉得很奇怪，便过来看热闹，不想正巧见到了被老和尚藏在房里的唐僧的袈裟。

黑熊精也是个爱财的，趁外头因着火而乱成一团，赶紧将这宝贝袈裟塞到怀里，头也不回地跑走了。

第六计

shēng
声
dōng
东
jī
击
xī
西

妙计破译

当敌人混乱得像丛生的野草，无法预料将要发生的事情时，这正是萃卦中所说的水高出地面（必然溃决）的象征。必须利用敌人不能自主的机会去消灭他们。

韩信妙计渡黄河

秦末汉初，陈胜发动大泽乡起义。他手下一个名叫魏咎的人，曾被封为魏王。后来，魏咎兵败，被秦将章邯所杀，他的弟弟魏豹就投奔到了项羽麾下。当时，魏豹占据的地区对汉军来说是非常重要的，西进可以威胁关中，南下可以截断汉军的粮道。

第六计
声东击西

刘邦任命韩信为左丞相，让他与灌婴、曹参去讨伐魏豹。抵达临晋关之后，韩信发现黄河对岸全是魏军把守，但上游夏阳地区的魏军较少，于是决定以夏阳为突破口渡河。但是，怎样躲过魏军的视线呢？韩信想出了一个好办法。他派出两队人，一队负责砍伐树木，另一队则负责收集一种叫作罂的、口儿小肚子大的瓶子。然后让人将这些

瓶子的口儿封住，口儿朝下、底朝上，排成长方形，再用绳子绑在一起，四周用木头夹住，这样就做成了"木罂"，可以代替筏子载人渡河。

木罂做好以后，韩信命人将汉军原有的一百多只小船都搬到临晋关黄河对岸，一字排开；又让灌婴带着一万多兵马，大张旗鼓地聚齐在黄河边上，摆出随时准备渡河的阵仗。汉军的这一行动，立刻引起了对岸魏军的高度戒备。

就在魏军的注意力都集中在对岸时，韩信和曹参悄悄率领大军，带着造好的木罂来到夏阳，顺利渡过了黄河。不久，魏豹收到急报，说韩信已经率军攻下了安邑。魏豹大惊失色，赶紧率军前去阻挡韩信大军。结果魏豹一走，对岸的灌婴就带着兵马趁机渡河了。

dí
敌
zhàn
战
jì
计

第七计 无中生有

妙计破译

制造和运用假象，但并不是要一假到底，而是要能够使假象变成真相，并利用大大小小的假象去掩护真相，让对方相信我们所希望对方相信的事情。

被张仪骗惨的楚怀王

张仪，战国时期的政治家、外交家和纵横家。他担任秦国丞相的时候，楚国正与齐国交好。秦国准备出兵攻打齐国，担心楚国插手，于是派张仪前往楚国，去破坏齐、楚两国的盟约。张仪到了楚国，一见到楚怀王，就开口许诺："只要大王愿意和齐国断绝往来，那么秦国愿意奉上商於一带六百里的土地给楚国，与楚国结成兄弟之国！"楚怀王一听，立即就点头答应了。

结果，张仪达到目的后，翻脸不认账，非说自己许诺的是六里地，而不是六百里，把楚怀王气得够呛。

一年之后，秦国主动向楚国示好，表示愿意把汉中一半的土地还给楚国。楚怀王因为之前的事情，对张仪怀恨在心。他告诉来使："我不要土地，你们把张仪送来！"

得知此事后，张仪表示愿意出使楚国，并且胸有成竹地告诉秦王，自己一定能够平安归来。

zhāng yí dào le chǔ guó zhī hòu　　qù yóu shuì chǔ huái wáng de chǒng
张仪到了楚国之后，去游说楚怀王的宠

fēi zhèng xiù　　tā duì zhèng xiù shuō　　wèi le jiù wǒ　　qín wáng yǐ
妃郑袖。他对郑袖说："为了救我，秦王已

jīng dǎ suàn ná chū shàng yōng de liù gè xiàn hé xǔ duō néng gē shàn wǔ de
经打算拿出上庸的六个县和许多能歌善舞的

měi rén lái tǎo hǎo dà wáng le　　dào shí hou　　zhè qín guó de měi rén
美人来讨好大王了。到时候，这秦国的美人

lái le　　dà wáng kàn zài yì tóng sòng lái de tǔ dì de miàn zi shàng
来了，大王看在一同送来的土地的面子上，

bì rán yě huì qù chǒng ài tā men　　dào nà ge shí hou　　zhǐ pà fū
必然也会去宠爱她们，到那个时候，只怕夫

rén nín de dì wèi huì shòu dào wēi xié a　　zhèng xiù tīng wán zhè huà
人您的地位会受到威胁啊！"郑袖听完这话，

guǒ rán dào chǔ huái wáng miàn qián qù gěi zhāng yí shuō qíng　　zhāng yí jiù zhè
果然到楚怀王面前去给张仪说情，张仪就这

yàng táo guo yì jié
样逃过一劫。

根据本节内容画出你的思维导图

第八计

àn dù chén cāng
暗度陈仓

妙计破译

gù yì bào lù xíng dòng　xī yǐn dí rén de
故意暴露行动，吸引敌人的

zhù yì lì　rán hòu zài àn dì lǐ zhǎn kāi zhēn zhèng
注意力，然后在暗地里展开真正

de xíng dòng　chū qí zhì shèng de yíng dé shèng lì
的行动，出奇制胜地赢得胜利。

bīng fǎ tiān cái hán xìn
兵法天才韩信

qín cháo mò nián　qǐ yì bú duàn　bèi qín miè diào de liù
秦朝末年，起义不断，被秦灭掉的六

guó chèn jī fù guó　qí zhōng shí lì zuì qiáng de shì chǔ guó　chǔ
国趁机复国，其中实力最强的是楚国。楚

huái wáng xiàng shǒu xià de liǎng míng dà jiàng　liú bāng hé xiàng yǔ xǔ
怀王向手下的两名大将——刘邦和项羽许

nuò　shuí xiān ná xià xián yáng　jiù fēng shuí wéi guān zhōng wáng　jié
诺，谁先拿下咸阳，就封谁为关中王。结

guǒ　liú bāng xiān ná xià le xián yáng　dàn tā zì zhī shí lì bù rú
果，刘邦先拿下了咸阳。但他自知实力不如

xiàng yǔ　suǒ yǐ méi yǒu hé xiàng yǔ zhēng gōng　xiàng yǔ jìn rù xián
项羽，所以没有和项羽争功。项羽进入咸

阳后，自封为"西楚霸王"，然后分封了许多有功的将领，却把功劳最大的刘邦分到了当时的偏远地区汉中。刘邦为了向项羽表明自己确实没有和他争天下的野心，在抵达汉中之后，把栈道都烧毁了。

刘邦在汉中招兵买马，势力迅速壮大。公元前206年，他以韩信为大将军，出师关中。

当时，汉中的第一道"防线"是雍王章邯。此人原是秦将，能征善战，很不好对付。为

了麻痹章邯，韩信派出数百名老弱残兵去修建被烧毁的栈道，做出要从栈道出汉中的假象。章邯果然上当，把军队集结在了栈道口。

与此同时，韩信自己和刘邦一起，悄悄率领主力军从小道出汉中，神不知鬼不觉地开到了关中的门户陈仓。等章邯接到战报时，一切都晚了，汉军已经拿下陈仓，准备向关中挺进了。

根据本节内容画出你的思维导图

第九计

隔岸观火
gé àn guān huǒ

当敌方存在矛盾冲突时，要静观其变。当发现敌方矛盾激化，互相斗争和倾轧得越来越明显时，故意退开一步，可能会让敌方矛盾继续激化，甚至最终自相残杀，从而起到削弱敌方力量的效果。

曹操坐山观虎斗

汉末三国时期，曹操和袁绍在官渡决战。袁绍被打得溃不成军，自此一病不起，没两年就死了。袁绍死后，他的长子袁谭和三子袁尚开始争权夺利。至于曹操，他当然不会错过这个扩充地盘的好机会，领军杀来，没多久就打到了袁谭驻守的黎阳。

兄弟俩见敌人都打到家门口了，赶紧"停战"，联合抗曹。可惜他们实力不济，没几个回合就败给了曹操，无奈退守邺城。

这时，众将都劝曹操乘胜追击。但曹操知道邺城防守坚固，易守难攻，于是决定撤军，旁观袁谭和袁尚自相残杀。

袁谭和袁尚见曹军撤了，又开始大打出手。在争斗过程中，袁尚逐渐占了上

风，最后把袁谭围困在了平原城。袁谭不得已去向曹操投降，想借曹操之力对付袁尚。曹操爽快地接受了袁谭的投降，派援兵把袁尚打得落荒而逃。然而袁尚一退，曹操就把袁谭杀了。

袁尚呢？在被袁谭和曹操联手击退后，就带着二哥袁熙去投奔了乌桓（我国古代北方游牧民族之一）。曹操一方面并不打算放过袁家兄弟，一方面也想趁机把势力扩张到北方，于是出兵乌桓，把乌桓军打得落花流水。

袁家兄弟和乌桓单于见大事不妙，带着数千名残兵投奔了割据军阀公孙康。哪知公孙康一心想讨好曹操，他非常开心地摆了一出"鸿门宴"，杀了袁家兄弟和乌桓单于，把他们的首级送给了曹操。

笑里藏刀
xiào lí cáng dāo
第十计

第十计

妙计破译

取得对方的信任，就能消解对方的防备，从而暗中图谋，实现自己的目的。任何事情都应该做好准备之后再付诸行动，不能提前在对手面前暴露自己的目的，以免计划有变。

公孙鞅智取吴城

战国时期，秦孝公任命公孙鞅为大将，率兵攻打魏国。公孙鞅带领秦军，很快就抵达了魏国吴城城下。吴城地势十分险要，防御工事又十分坚固，想要攻下吴城，绝不是易事。所以，公孙鞅并没有着急开战，而是先派出探子打探对方的虚实。哪知这一打探，让公孙鞅得到了一个非常重要的消息，那就是吴城的守将竟然是公孙鞅的老熟人公子行。公孙鞅高兴极了，马上写了一封信，派人送去给公子行。在信中，公孙鞅情真意切地回忆了二人曾经的交情，希望能够与公子行进行和谈，就此休战。

把信送出之后，公孙鞅又立刻下令，让秦军的先锋部队都撤回来。

很快，公子行收到了公孙鞅的信。他被公孙鞅的诚意打动，马上表示愿意接受和谈，还和公孙鞅约定好了和谈的时间和地点。

到了约定和谈的那天，公子行带着三百名随从来了。公孙鞅命人摆下宴席，热情地招待公子行一行人，气氛十分融洽。然而，公子行刚入席，还没坐定，就听到公孙鞅一声号令，提前埋伏好的秦军立刻从四面八方涌出来，把公子行和随行的三百人都擒获了。

笑里藏刀

第十一计

lǐ dài táo jiāng
李代桃僵

妙计破译

rú guǒ xíng shì de fā zhǎn dǎo zhì bì xū yǒu
如果形势的发展导致必须有
suǒ sǔn shī shí nà me jiù yīng gāi shě qì ruò xiǎo
所损失时，那么就应该舍弃弱小
de bù fen yǐ bǎo quán gèng qiáng dà hé zhòng yào
的部分，以保全更强大和重要
de bù fen
的部分。

cáo cāo hǔ kǒu tuō xiǎn
曹操虎口脱险

dōng hàn mò nián dǒng zhuó cuàn quán wèi le kuāng fú hàn shì
东汉末年，董卓篡权。为了匡扶汉室，
shí bā lù zhū hóu shà xuè wéi méng gòng tóng tuī jǔ yuán shào wéi méng
十八路诸侯歃血为盟，共同推举袁绍为盟
zhǔ lián shǒu tǎo fá dǒng zhuó
主，联手讨伐董卓。

dǒng zhuó tīng qǔ shǒu xià rén de jiàn yì fàng qì luò yáng
董卓听取手下人的建议，放弃洛阳，
qiān dū cháng ān bì kāi cǐ shí shì qì zhèng wàng de shí bā lù zhū
迁都长安，避开此时士气正旺的十八路诸
hóu méng jūn cáo cāo dé zhī zhè yī xiāo xi hòu dì yī shí jiān
侯盟军。曹操得知这一消息后，第一时间

duì dǒng zhuó dà jūn fā qǐ zhuī jī

对董卓大军发起追击。

dǒng zhuó mìng dà jiàng xú róng zài xíng yáng chéng wài de shān wù zhī

董卓命大将徐荣在荥阳城外的山坞之

páng shè xià mái fú　　jìng dài zhuī jī ér lái de cáo jūn　　jié guǒ

旁设下埋伏，静待追击而来的曹军。结果，

cáo jūn gāng zǒu dào xíng yáng chéng wài　　jiù háo wú yù zhào de tīng dào

曹军刚走到荥阳城外，就毫无预兆地听到

le zhèn tiān de hǎn shā shēng　　tā men háo wú zhǔn bèi　　bèi dà jiàng xú

了震天的喊杀声，他们毫无准备，被大将徐

róng shā le gè cuò shǒu bù jí　　hùn luàn zhōng　　cáo cāo bèi xú róng shè

荣杀了个措手不及。混乱中，曹操被徐荣射

zhòng yí jiàn　　tā gāng yào chè tuì　　yòu bèi liǎng gè xiǎo bīng cì xià

中一箭，他刚要撤退，又被两个小兵刺下

了马。马儿受惊，一下子就钻入人群，不知道跑哪里去了。

没有了坐骑，曹操的处境更加危险。幸好曹洪及时赶到，翻身下马，一把抓住曹操，把缰绳递到了他手里，说道："主公，你赶紧上马！我可以步行！"曹操翻身上马，感激地对曹洪承诺道："如果我能活下来，都是你的功劳！"

就这样，曹操靠着曹洪的"李代桃僵"之计，有惊无险地逃过一劫。令人欣慰的是，曹洪的运气很好，他找到了一条小船，乘船沿着汴水而下，保住了性命。

第十二计

顺
手
牵
羊

妙 计 破 译

当对手出现任何小的漏洞时，都要乘机利用。哪怕再微小的利益，也要努力去争取。让对手的每一个小漏洞都能转化为我方的每一个小胜利。

李愬剿灭吴元济

唐宪宗时，蔡州的吴元济想叛乱，驻守在洄曲的董重质也蠢蠢欲动。唐宪宗下旨让李愬担任唐州节度使。李愬上任之后，为了麻痹吴元济，故意叫人放出口风，称自己到唐州只是为了管理秩序，至于吴元济叛不叛乱，和自己并没有什么关系。

一次偶然的机会，李愬擒获了吴元济手下的一员大将李祐。抓到李祐之后，李愬对他非常客气，不仅没有对他用刑，反而将他待为上宾。

李祐被李愬打动，终于决定向他投诚，并将吴元济的兵力部署都告知了李愬。

李愬暗地里组建了一支能力精悍的兵马。在一个风雪交加的深夜，李愬带领这队兵马，通过一条小路，直接抵达了蔡州城的北边，这一路都没有被蔡州城的守兵发现。当李愬带兵抵达蔡州城下的时候，守城的士兵还在呼呼大睡呢。趁着这个机会，李愬和这队训练有素的士兵轻而易举地爬上城墙，打开了城门。

此时，吴元济对靠近的危险浑然不知，依然还沉浸在睡梦中呢。等到他终于被外面的嘈杂声吵醒时，早已陷入了重重包

围，忠心于他的守卫也早就被李愬带来的士兵杀了个干净。就这样，防备松散的蔡州落入了李愬手中。

拿下吴元济之后，李愬特意把这一消息大肆宣扬了出去。等驻守在洄曲的董重质收到消息时，一切都已经来不及了。

董重质看大势已去，思前想后，干脆直接向李愬投了诚。就这样，李愬不费一兵一卒，顺手牵羊地把洄曲也纳入了掌控之中，完美地完成了唐宪宗交给他的任务。

gōng
攻

zhàn
战

jì
计

第十三计 打草惊蛇

dǎ cǎo jīng shé

发现可疑的情况一定要调查，调查清楚以后才能开始行动；反复调查研究和考察分析，是发现对方阴谋的重要手段。

太子发现了什么秘密

春秋时期，楚国国君楚成王熊恽想要立儿子商臣为太子，并且把这个想法告诉了当时的令尹子上。子上听完之后，却不太赞同，并劝楚成王说："大王您现在还年轻，没必要急着那么早就册立太子。"可是楚成王根本听不进子上的劝告，一意孤行地把商臣册立为太子。

后来，楚成王年纪大了，对曾经的决定感到后悔，想改立太子。正巧这时，楚成王外嫁的胞妹芈氏回国归宁（回家省亲），居住在王宫。于是，楚成王将自己的烦恼向芈氏倾诉了一番。芈氏出主意道："必须先寻个错处，找个借口，才能光明正大地把商臣废掉。"

没过多久，"楚成王想废掉太子"的消息就传到了商臣耳中，但他不知真假，所以没有轻举妄动，而是决定先打探清楚。他摆下宴席招待芈氏，一开始表现得十分恭敬，安排芈氏坐在尊位，又亲自给芈氏奉上美酒。可是，芈氏喝得有些糊涂了之后，商臣就怠慢起来，不再给芈氏倒酒夹菜，而是让下人去做，甚至当着芈氏的面和别人窃窃私语。其间，芈氏喊了他好几次，他都

充耳不闻。芈氏见状，十分生气，脱口而
出道："你这个不肖子，难怪连大王都想废
了你的太子之位！"

芈氏此话一出，就说明"楚成王想废
掉太子"这件事是真的。商臣决定先下手为
强，他连夜起兵，杀了楚成王。芈氏知道自
己闯了大祸，心中愧疚悲愤，自缢而死。

借尸还魂

第十四计

妙计破译

那些有所作为的人，通常都很难驾驭和控制。要学会对那些不能有所作为的人加以利用，这就是蒙卦所说的：不是我向愚昧无知的人求助，而是他们向我求助。

死诸葛吓退活司马

公元234年春天，蜀汉丞相诸葛亮发兵征讨魏国。经过数月的行军，蜀军抵达眉县，在渭水南岸的五丈原扎营。正好此时，魏国大将军司马懿也率军抵达了渭水，同样在附近找了个合适的地方安营扎寨，与蜀军形成对峙之势。

司马懿以前吃过诸葛亮的亏，这次打算采取拖延战术，无论蜀军怎么挑衅，他就是避而不战。但是，司马懿并不是什么都不做。相反，他经常派人打探诸葛亮的饮食起居。

过了一段时间，司马懿得到消息，称诸葛亮每天早起晚睡，事必躬亲，饭却吃得很少。他据此推测诸葛亮命不久矣，就想等诸葛亮死后再与蜀军开战。

结果如司马懿所料，诸葛亮没多久就因为操劳过度病逝了。但是，诸葛亮已经料到了司马懿的想法，临终时做了精心安排。他知道其他蜀将不是司马懿的对手，所以嘱咐众将，自己死后要秘不发丧，缓缓退军，还给众将出了一计。

再说回司马懿，他发现蜀军悄悄撤退后，心想诸葛亮肯定死了，于是出兵追击。没想到蜀军突然调转头来，战鼓擂动，喊声震天，像是早就等着要和魏军开战的样子。司马懿正惊疑不定时，又见蜀军中推出来一辆车，上面坐着一个羽扇纶巾的人，而树影中大旗招展，上书"汉丞相武乡侯诸葛亮"几个大字。

"糟糕，中计了！"司马懿以为诸葛亮没死，赶紧下令撤军。

就这样，蜀军得以安全撤退。其实，车上的人并不是诸葛亮，而是诸葛亮的木雕。

第十五计

diào hǔ lí shān
调虎离山

妙计破译

yù dào qiáng dí shí yào néng shàn yòng móu
遇到强敌时，要能善用谋
lüè yòng jiǎ xiàng mí huò dí rén ràng duì fāng lí
略，用假象迷惑敌人，让对方离
kāi yuán běn de dì fang sàng shī zì jǐ de yōu shì
开原本的地方，丧失自己的优势，
rán hòu zài chū qí bú yì de qǔ dé shèng lì
然后再出其不意地取得胜利。

sūn cè zhì gōng lú jiāng
孙策智攻庐江

dōng hàn mò nián jiāng dōng de sūn cè wèi le jìn yí bù kuò
东汉末年，江东的孙策为了进一步扩
dà shì lì xiàng běi tuī jìn dǎ suàn bǎ lú jiāng jùn nà rù náng
大势力，向北推进，打算把庐江郡纳入囊
zhōng lú jiāng jùn bèi kào cháng jiāng běi lín huái shuǐ cóng dì lǐ
中。庐江郡背靠长江，北临淮水，从地理
wèi zhì shàng lái shuō yǒu zhe yì shǒu nán gōng zhī shì
位置上来说，有着易守难攻之势。

zhàn jù lú jiāng jùn de jūn fá shì liú xūn sūn cè xiǎng yào
占据庐江郡的军阀是刘勋，孙策想要
shùn lì ná xià lú jiāng jùn jiù bì xū xiǎng bàn fǎ bǎ liú xūn cóng lú
顺利拿下庐江郡，就必须想办法把刘勋从庐

江郡调离，以巧取而非硬夺的方式达成目的。孙策知道，刘勋这个人有一个弱点，那就是自大又贪财。于是，孙策让人准备了一份厚礼，然后亲自写了一封信，派人一块儿送去给刘勋。在信中，孙策对刘勋大肆吹捧，写满了溢美之词。孙策还在信中说，上缭经常派兵侵扰江东，可惜自己兵力弱，打不过，希望刘勋能够帮帮忙，去降服上缭。

刘勋果然很吃这一套，高高兴兴地答应了孙策的"请求"，决定发兵去攻打上缭。

孙策见刘勋走了，立刻集结兵马，水陆并进，攻向庐江郡。刘勋为了能一举拿下上缭，将自己的主力部队都带走了，庐江郡可以说是一座空城。就这样，孙策用一招调虎离山，轻松拿下了固若金汤的庐江郡。

第十六计 欲擒故纵

妙计破译

在对付敌人时，如果将对方逼迫得无路可走，就会促使对方拼命反扑。如果让敌人拥有逃跑的希望，反而可以消耗他们的气势和斗志。等对方的体力和士气消耗得差不多了，再出手捕捉。

诸葛亮七擒孟获

公元 225 年，南王孟获起兵攻打蜀国。收到孟获起兵的消息后，诸葛亮决定亲自点兵南征。

第一次两军对阵，智计百出的诸葛亮就把孟获给擒获了。但是，孟获满脸的不服气。诸葛亮见状，便命令士兵给孟获松绑，把孟获给放了，甚至还让士兵贴心地帮孟获准备好了回去路上所需要的马匹、食物和水。

孟获回去之后，很快就写了一封投降书，带着投降书和弟弟一起来见诸葛亮。诸葛亮却看出孟获是假投降，他将计就计，高高兴兴地接受了孟获献上的投降书，还

赏赐了很多美酒给孟获的士兵。士兵们得到美酒，十分高兴地开怀畅饮，结果全部喝了个酩酊大醉。于是，等到晚上要劫营的时候，孟获才发现，自己能带的人根本没几个，而且还又一次落入了诸葛亮的圈套，被蜀军再次擒获。可是，孟获还是不服气，于是诸葛亮又一次把他放了。

后来，孟获又多次被诸葛亮擒获、放归。到第七次的时候，他为了战胜诸葛亮，借来了三万名刀枪不入、渡水不沉的藤甲兵，作为自己的秘密武器。可没想到，诸葛亮把这些藤甲兵引诱到提前准备好干柴、火药和地雷的盘蛇谷，一把火将这些藤甲兵都给烧了。就这样，孟获第七次落入诸葛亮手中。这一次，孟获对诸葛亮心服口服，率领族人臣服于蜀国。

妙计破译

ná chū mǒu zhǒng lèi shì de dōng xi qù yòu huò
拿出某种类似的东西去诱惑

duì fāng rán hòu chèn jī dǎ jī nà xiē róng yì shòu
对方，然后趁机打击那些容易受

dào yòu huò de yú méng zhī rén
到诱惑的愚蒙之人。

第十七计

pāo
抛
zhuān
砖
yǐn
引
yù
玉

yòng chái huǒ huàn chéng chí
用柴火换城池

gōng yuán qián nián chǔ guó fā bīng gōng dǎ jiǎo guó chǔ
公元前700年，楚国发兵攻打绞国。楚

jūn shì rú pò zhú hěn kuài bīng lín jiǎo guó dū chéng jiǎo chéng kě
军势如破竹，很快兵临绞国都城绞城，可

jiǎo guó jù bú yìng zhàn jiǎo chéng dì shì xiǎn yào yì shǒu nán gōng
绞国拒不应战。绞城地势险要，易守难攻，

liǎng jūn jiù zhè yàng xiāng chí le yí gè duō yuè
两军就这样相持了一个多月。

zhèng dāng chǔ wáng fā chóu zhī jì chǔ guó dà fū qū xiá zhàn
正当楚王发愁之际，楚国大夫屈瑕站

chū lái shuō xiàn zài jiǎo chéng yǐ jīng bèi wǒ men wéi le yí gè
出来说："现在，绞城已经被我们围了一个

多月，城中的柴草估计已经要用完了。趁此机会，我们可以派一些士兵扮成樵夫，让他们上山打柴。到时候，缺少柴草的绞城士兵一定会出来抢夺樵夫打的柴。我们提前设好伏兵，把他们一网打尽，趁机夺取城池。"

楚王采纳了屈瑕的建议，让楚兵每天

抛砖引玉

装扮成樵夫进山打柴。结果如屈瑕所料，绞城士兵们发现这些樵夫身边并没有楚军的踪迹后，马上出城把这些樵夫都抓了起来，抢走他们的柴草。一连几天下来，绞城士兵收获不小。

这天，绞城士兵像往常一样出城劫掠樵夫，可樵夫们看到他们时，并没有像之前那样吓得一动也不敢动，而是纷纷拼命奔逃起来。见往日里乖乖束手就擒的樵夫们竟然敢逃跑，绞城士兵们非常生气，下意识地紧追其后。就这样，绞城士兵被这些假樵夫一步步引入了楚军的埋伏圈。等到这些士兵发现情况不对的时候，一切都已经来不及了。只听楚王一声令下，顿时伏兵四起，杀声震天。绞城士兵慌忙撤退，可没退几步又遭到伏击，死伤无数。趁此机会，楚王率领楚军攻下了绞城。

第十八计

擒贼擒王
qín zéi qín wáng

妙计破译

cuī huǐ dí rén de zhǔ lì　　zhuā zhù dí rén
摧毁敌人的主力，抓住敌人

de shǒu lǐng　shì wǎ jiě qí zhěng tǐ lì liàng zuì yǒu
的首领，是瓦解其整体力量最有

xiào de fāng shì　zhè jiù hǎo bǐ lóng lí kāi dà hǎi
效的方式。这就好比龙离开大海，

zài kuàng yě zhōng zhàn dòu　nà bì rán shì yào miàn
在旷野中战斗，那必然是要面

lín jué jìng de
临绝境的。

zhāng xún qín zéi xiān qín wáng
张巡擒贼先擒王

táng tiān bǎo nián jiān　　jié dù shǐ ān lù shān qǐ bīng móu fǎn
唐天宝年间，节度使安禄山起兵谋反，

shuài lǐng pàn jūn shì rú pò zhú　yí lù xiàng zhe dū chéng cháng ān tǐng
率领叛军势如破竹，一路向着都城长安挺

jìn　yǐn zǐ qí shì ān lù shān shǒu xià de yì yuán dà jiàng　fèng mìng
进。尹子奇是安禄山手下的一员大将，奉命

shuài shí wàn jīng bīng qù gōng dǎ suī yáng　yù shǐ zhōng chéng zhāng xún
率十万精兵去攻打睢阳。御史中丞张巡

zhì yǒng shuāng quán　shuài lǐng bù xià qián wǎng suī yáng　hé tài shǒu xǔ
智勇双全，率领部下前往睢阳，和太守许

yuǎn huì hé　kě shì　liǎng rén suǒ yǒu de bīng lì jiā qǐ lái　yě
远会合。可是，两人所有的兵力加起来，也

擒贼擒王

不过六千多人。在这个危急关头，张巡将众人召集到一起，说："擒贼先擒王，只要尹子奇一死，叛军便群龙无首了，睢阳的危机自然也就解除了。"

可是，张巡和手下将士都没见过尹子奇，怎么才能除掉此人呢？张巡自有办法。他命士兵把秸秆削尖做成箭，射向叛军。

叛军见唐军放箭，都赶紧躲避，可当他们发现这些箭都是用秸秆做的时，不禁大为惊喜，认为唐军的箭已经用完了，于是争先恐后地去找尹子奇报告这个消息。这样一来，谁是尹子奇就一目了然了。

张巡命麾下的神箭手南霁云向尹子奇放真箭。南霁云一箭就射中了尹子奇的左眼。尹子奇惨叫一声，仓皇逃命，叛军顿时阵脚大乱。张巡趁机率领唐军加大攻势，很快就获得了最终的胜利。

混 hùn
战 zhàn
计 jì

第十九计 釜底抽薪

fǔ dǐ chōu xīn

妙计破译

攻击对方最强大的地方是不理智的，不妨暂避锋芒，消减对方的气势。伺机寻找对方势力生存的根源，给予打击，方可以弱胜强。

曹操火烧乌巢

东汉末年，皇室衰微，天下大乱，群雄并起。其中，袁绍、曹操等人的实力最为雄厚。袁绍号称"四世三公"，据有冀、青、幽、并四州，兵多粮足。曹操据有兖、豫等州，虽然缺兵少粮，但他本人文韬武略，兵法精湛。

釜底抽薪

公元 200 年，袁绍率领十万大军攻打曹操，著名的官渡之战拉开了序幕。虽然袁、曹双方各有优势，僵持了好几个月都没能分出胜负，但胜利的天平正在向袁绍倾斜。为什么呢？因为曹军粮草紧缺，打不起持久战。

当时，袁绍麾下有一个谋士名叫许攸，他的家人犯了罪，被袁绍的心腹审配逮捕。许攸很愤怒，认为袁绍看不起自己，于是转而投奔了曹操。

曹操听说许攸来了，十分高兴，连鞋都来不及穿就出来迎接。许攸被曹操的诚心打动，就献计说："袁军的粮草都存放在乌巢，虽然有士兵把守，但袁绍并不重视，所以防守十分松懈。如果您能派一支精兵奇袭乌巢，烧了袁军的粮草，那么三天以后，袁军将不战自败。"

曹操采纳了许攸的建议，亲自率一队精兵夜袭乌巢。驻守乌巢的袁军被打了个措手不及，眼睁睁看着粮草在大火中灰飞烟灭。没了粮草，袁军果然军心大动，被曹军打得落花流水。最后，袁绍只带着八百名骑兵仓皇逃走。

浑水摸鱼

妙计破译

趁着敌人内部发生混乱，利用其力量虚弱而没有主见的有利时机，使其顺从于我。这就像人要顺从天时的变化安排作息，到了夜晚就要安寝一样。

刘备巧取南郡

公元208年，刘备、孙权联军在赤壁大败曹操。之后，曹操派心腹大将曹仁驻守南郡。孙权和刘备都想把南郡据为己有——东吴大都督周瑜率领大军前往南郡；刘备也在油江口驻扎军队，对南郡虎视眈眈。

周瑜决定前去拜访刘备，试探一下刘备

de xū shí　　zhū gě liàng xiàng liú bèi xiàn jì　　zài yóu jiāng kǒu zhǎn
的虚实。诸葛亮向刘备献计，在油江口展

kāi zhàn chuán　jūn shì　　zhǎn shì qiáng dà de jūn lì
开战船、军士，展示强大的军力。

　　zhōu yú lái dào yóu jiāng kǒu　　míng què xiàng liú bèi biǎo shì
　　周瑜来到油江口，明确向刘备表示，

dōng wú duì nán jùn zhì zài bì dé　　lí kāi yóu jiāng kǒu hòu　zhōu yú
东吴对南郡志在必得。离开油江口后，周瑜

mǎ shàng chū bīng gōng dǎ cáo cāo de dì pán yí líng　　dǎ suàn zhàn lǐng
马上出兵攻打曹操的地盘夷陵，打算占领

yí líng hòu zài zhàn lǐng nán jùn
夷陵后再占领南郡。

　　zhōu yú pài chū dà jiàng gān níng wéi qián fēng　　bú liào bèi yí líng
　　周瑜派出大将甘宁为前锋，不料被夷陵

shǒu jiàng cáo rén de dà jūn tuán tuán bāo wéi　　zhōu yú bèi yì zhī lěng jiàn
守将曹仁的大军团团包围。周瑜被一支冷箭

射中右胁，伤势很重，只能退兵。曹仁趁势进攻，杀败吴军。不久，传来周瑜重伤而死的消息，曹仁大喜过望，决定趁夜前去劫营。

当晚，曹军在曹仁的带领下倾巢而出，前往周瑜大营。哪知冲入营寨后，却看不见一个人影。曹仁惊呼"不好！"刚想撤退，周瑜已率领大军从四面八方杀出。原来，他不过是诈死，骗曹仁前来进攻。曹仁好不容易率领亲卫杀出重围，但士兵伤亡惨重，无力再战，只能退回南郡。周瑜对此早有准备，提前在通往南郡的路上埋伏下了一支军队，截杀曹仁。

击败曹仁后，周瑜心中十分得意，认为南郡已经是东吴的囊中之物了。他怎知诸葛亮早有算计，在曹军倾巢进攻周瑜大营的时候，派了赵云浑水摸鱼，轻而易举地拿下了南郡。

第二十一计 金蝉脱壳 jīn chán tuō qiào

妙计破译

bǎo cún jūn zhèn   yíng dì yuán běn de yàng zi
保存军阵、营地原本的样子，

shǐ yuán dì fáng shǒu de qì shì dé yǐ bǎo liú   ràng
使原地防守的气势得以保留。让

yǒu jūn bù huái yí   dí jūn yě bù gǎn mào rán jìn
友军不怀疑，敌军也不敢贸然进

gōng   zài dí rén gǎn dào yí huò de shí hou   qiāo
攻。在敌人感到疑惑的时候，悄

qiāo de zhuǎn yí zì jǐ de jūn duì
悄地转移自己的军队。

xuán yáng jī gǔ yǐ huò dí
悬羊击鼓以惑敌

chūn qiū shí qī   qí xiāng gōng hūn yōng cán bào   tā de liǎng
春秋时期，齐襄公昏庸残暴，他的两

gè dì di gōng zǐ jiū hé gōng zǐ xiǎo bái   shēng pà bèi zhè ge xǐ nù
个弟弟公子纠和公子小白，生怕被这个喜怒

wú cháng   xiōng cán hěn dú de guó jūn shāng hài   yú shì fēn bié dài
无常、凶残狠毒的国君伤害，于是分别带

zhe zì jǐ de móu shì táo chū le qí guó   gōng zǐ jiū hé móu shì guǎn
着自己的谋士逃出了齐国。公子纠和谋士管

zhòng táo dào le lǔ guó   gōng zǐ xiǎo bái hé móu shì bào shū yá táo
仲逃到了鲁国，公子小白和谋士鲍叔牙逃

dào le jǔ guó   hòu lái   qí guó fā shēng nèi luàn   qí xiāng gōng
到了莒国。后来，齐国发生内乱，齐襄公

被杀。公子纠和公子小白得到消息后，都希望先赶回齐国继承王位。

公子小白和鲍叔牙在中途被一条河挡住了去路，正发愁时，只见一条船划了过来。他们很高兴，认为可以渡河了，船翁却突然朝公子小白放了一箭，射中了公子小白衣服上的带钩。原来，这个船翁是管仲假扮的，他这样做是为了帮助公子纠扫除障碍。

管仲还带着许多兵马，公子小白和鲍叔牙见对方人多势众，赶紧率兵逃进了一个林木茂密的山谷。一个士兵发现了一条出山的小路，可以抄近道直达齐国都城临淄。

于是，公子小白和鲍叔牙命士兵抓几只山羊挂在树上，每只山羊下面都放一面战鼓；又命士兵在山上挖几条战壕，选几匹筋疲力尽的战马，在它们身上挂上铃铛，把它们赶入战壕。做完这一切后，公子小白和鲍叔牙就带兵悄悄走上了那条小路。他们身后，山羊不停地蹬腿，把战鼓敲得咚咚作响；战马一边嘶鸣一边奔跑，身上的铃铛响个不停。

山谷外，公子纠和管仲听见鼓声、铃铛声，以为公子小白和鲍叔牙还在山谷中，于是放松了警惕。就这样，公子小白抢先一步回到齐国，继承了王位，他就是齐桓公。

妙计破译

面对弱小的敌人，要设法围困或歼灭他们，如果不慎让他们逃走，情况就会变得十分复杂，贸然追击很可能会遭遇敌人反扑，或中诱兵之计，这些都是非常危险的。

长平之战

公元前260年，秦国出兵攻打赵国，双方在长平展开大战，史称"长平之战"。

战争一开始，秦军就占据了上风。赵将廉颇知道敌强我弱，硬拼是行不通的，于是坚守营垒不出，打算等秦军的锐气有所消磨后，再伺机进攻。就这样，双方僵持了好几个月。

赵王渴望速战速决，对廉颇的做法很是不满。秦军得知这个情况后，派人去赵国散播谣言，称秦国真正害怕的不是廉颇，而是名将赵奢的儿子赵括。赵王相信了这个谣言，让赵括取代廉颇率兵抗敌。

赵括上任后，立刻对秦军发起进攻，秦军假装战败而逃。赵括很是高兴，率领四十万主力军追击秦军，一直追到秦军的营垒之外。秦军则躲到了营垒中，坚守不出。

就在赵括忙着进攻秦军营垒的时候，秦军悄悄出动了两支军队，一支绕到赵军后方，切断了赵军的退路和运粮通道；另一支插入赵军和营垒之间，把赵军分割成了两个孤立的部分。

秦军部署妥当后，开始猛攻赵军。赵括这才意识到自己中了计，但为时已晚，只得率军筑起壁垒，顽强固守，等待援军。

可是，赵国的援军遭到秦军堵截，根本无法赶来救援。就这样，秦军靠一招"关门捉贼"，把赵军围困了四十六天。最后，赵括在率兵突围时中箭身亡，赵军投降。

长平之战后，赵国元气大伤，而秦国离统一天下的目标又近了一步。

第二十三计

远交近攻

妙计破译

受到地理环境的限制和阻碍，若先攻取就近的敌人，则形势对我们来说是有利的；若先攻取远处的敌人，则形势反而会对我们不利。这就是从睽卦"上火下泽"中悟出的道理。

范雎献计佐秦王

范雎是战国时期魏国人，原本在魏国大夫须贾门下任职，因有才干而闻名。

有一次，须贾奉魏王之命出使齐国，范雎随行。齐王早就听说范雎大名，派人送给范雎很多财物，范雎不敢接受。没想到须贾将这件事看在眼里，认为范雎私通齐国，回国后就报告给了相国。相国对范雎严刑拷打，范雎几乎没了性命，在一个好心看守的帮助下才逃了出去。

恰好这时，秦国使者出使魏国，范雎被朋友引荐给秦使。秦使看出范雎是一个贤才，就偷偷把他带回了秦国。范雎来到秦国后，上书秦王，先歌颂了秦王的英明，表达了自己一展抱负的渴望，然后暗示秦王，自己能够帮助他图谋霸业。

秦王看了范雎的上书，十分高兴，立刻派专车接范雎进宫。一见到范雎，秦王就说："我早该亲自聆听您的教诲了！"然后屏退左右，非常诚恳地请范雎指教。

范雎说："秦国拥有战车千辆，精兵百万，用这样的实力去对付其他国家，就像用良犬去追逐跛足的兔子一样。可是现在反而关起门来，不敢对外用兵，这都是相国没有忠心为国家出谋划策，而大王的决策也有所失误的缘故啊！"

秦王说："我很想知道错在了哪里。"

范雎说："大王越过韩、魏两个盟国去攻打强大的齐国，这不是好办法。兵马少了，难以取胜；兵马多了，国家的消耗又太大。我猜大王是想少派兵马，而让韩、魏投入全部兵力攻打齐国，但这并不恰当。

"从前齐国大败楚国，却连半分土地都

没有得到。这哪里是齐国不想要土地，而是其他国家看到齐军疲劳，兴兵攻打齐国，导致齐王蒙羞、齐军瓦解的缘故。

"我认为，最好的办法就是远交近攻。与距离比较远的齐国交好，稳住他们，然后去攻打邻近的国家，这样才能实实在在地扩充秦国的领土。"

范雎的一席话让秦王茅塞顿开，当即决定重用范雎。几年后，秦王又拜范雎为相。此后，秦国正式开启了统一六国的霸业。

第二十四计 假道伐虢

处在敌我两个大国中间的小国，如果敌国胁迫小国屈服，那么我方要立刻出兵救援小国，显示威力。对处在困境中的小国，若只口头许诺而不采取实际行动，是不能取得其信任的。

晋献公借道伐虢国

春秋时期，晋国国力强大。晋献公想开疆拓土，把邻近的虞国和虢国收入囊中。但是，虞国和虢国是盟国，守望相助，晋国很难同时对付两个国家。为此，晋献公十分发愁。这时，大臣荀息给晋献公出了一条妙计。

假道伐虢

荀息对晋献公说："我听说虞国国君贪得无厌，如果大王舍得您所钟爱的宝马和所珍视的美玉，用这两样东西去拉拢虞国国君，那他必然愿意和晋国亲近。到时候，我们就可以向虞国借路，攻打虢国。事成之后再图谋虞国，这样两国的领土就都是晋国的了。"

晋献公有些舍不得宝马和美玉，荀息劝道："如果向虞国借到了路，那么把宝贝放在虞国，就和放在晋国宫外的库房里是一样的。"

晋献公觉得荀息说得很对，就让他全权负责这件事。于是，荀息带着宝马和美玉前往虞国。虞国国君果然非常开心，荀息向他提出借道伐虢的事，他马上就同意了。就这样，晋国大军开往虢国。虢国没有了虞国的帮助，很快就被晋军攻占了。

战争结束后，晋献公把从虢国劫掠来的大部分财物都送给了虞国国君，说是表示感谢。虞国国君愉快地收下了这些财物，对晋国更加没有防备了。

晋军回国时，再次从虞国境内借道而行。与此同时，晋献公邀请虞国国君去打猎。虞国国君欣然前往。不想他刚到围猎场，就远远地看见都城起火。等他匆忙赶回去时，才发现都城已经被晋军占领了。

bìng
zhàn
jì

并
战
计

第二十五计

偷梁换柱

tōu liáng huàn zhù

妙计破译

频繁地变换盟军的阵型，暗中抽换盟军的主力，就像是抽掉了房子的房梁，房子很快就会倒塌。等盟军自己失败了，就可以趁机将其吞并。这就像拖住了大车的轮子，大车就不能运行了。

沙丘之变

秦始皇的两个儿子胡亥和扶苏，分别有自己的势力集团。

公子扶苏性情温柔、仁慈，为人谦虚低调，深得百姓爱戴。秦始皇十分中意公子扶苏，想要让他成为继承人。

太监赵高精通律法，秦始皇指派赵高

做胡亥的老师。赵高虽然有才能，但心术不正，整天想办法讨好胡亥，胡亥变成了一个只知道吃喝玩乐的人。

公元前210年，秦始皇第五次南巡。行至沙丘时，秦始皇的健康状况迅速恶化，卧床不起。他知道自己命不久矣，赶紧召见丞相李斯和宦官赵高，让他们写了一封密诏，命驻守边疆

的公子扶苏回咸阳继位。密诏写完没多久，秦始皇就去世了。

然而，赵高一心想让胡亥继位，这样他就能独揽大权了。所以，

他说服李斯隐瞒了秦始皇去世的消息，然后假传圣旨，命扶苏自尽。接着，他们改动了秦始皇的密诏，把继承人改成了胡亥。这就是历史上有名的"沙丘之变"。

赵高通过一招偷梁换柱，帮胡亥铲除了最大的竞争对手。可惜赵高的聪明没有用对地方，他和胡亥掌权后，祸乱朝纲，暴虐无道。百姓最终忍无可忍，揭竿而起，秦朝灭亡。

根据本节内容画出你的思维导图

第二十六计

指桑骂槐
zhǐ sāng mà huái

妙计破译

强大的一方驾驭弱小一方的时候，要通过警戒的方法诱导弱小的一方去做事。统帅刚强中正就会上下相应，行走在危险的地方也会顺利。

狄仁杰巧谏唐高宗

唐高宗仪凤元年（676年），武卫大将军权善无意中把昭陵内的柏树砍了，昭陵是唐太宗李世民和文德皇后长孙氏的合葬墓。唐高宗知道这件事后非常生气，下令要处死权善，以抵偿他惊扰先皇的罪过。当时任大理寺丞的狄仁杰便站出来，上奏唐高宗说："按照法令，权善罪不至死，应该免除他的官职。"唐高宗见有人替权善说话，更加生气了。可是狄仁杰没有退缩，又说道："臣曾经听人说，劝谏君王，一不小心就会因惹怒君王而丢失性命。可臣认为，如果遇到像桀、纣那样的暴君，劝谏的确非常危险；但如果遇到像尧、舜那样的明君，那么事情就简单多了。今天，臣非常幸运，遇到的是像尧、舜那样的君主。"

说到这里，狄仁杰朝着唐高宗拜了一拜，继续说道："按照法律，权善所犯的不是死罪，皇上却非要杀了他。如果今日皇上这么做了，那么必然会削弱法律的权威性，让百姓不再相信法律。皇上因为将军砍了昭陵的一棵柏树就要将他杀死，那么千百年之后，人们会如何来评价这件事情呢？臣之所以反对皇上处死权善，并不是在为他求情，而是唯恐这个决定有损皇上的威名，让世人误会皇上啊！"狄仁杰的话说到了唐高宗的心坎里，于是唐高宗下令赦免了权善的罪过。

根据本节内容画出你的思维导图

第二十七计

假痴不癫

jiǎ chī bù diān

妙计破译

宁可假装什么都不知道而不行动，也不要假装自己知道而轻举妄动。以退为进，后发制人，动心忍性，出其不意，一击制胜。

煮酒论英雄

古典名著《三国演义》以东汉末年的乱世为背景，讲述了群雄逐鹿的故事，读来荡气回肠。小说中有这样一个经典片段：曹操煮酒论英雄。

曹操战胜吕布后，有了一定的势力，但刘备仍没有属于自己的地盘，不得已投在了曹操麾下。刘备有鸿鹄之志，但是为了不引起曹操的猜疑，所以装出胸无大志的样子。他开辟了一块小菜园，终日在菜园中侍弄蔬菜。

有一天，曹操突然派人请刘备喝酒。他一见到刘备，就笑着说："你在家里可是做了一些大事啊。"刘备吓得面如土色。曹操又说："玄德（刘备的字）学习种菜不容易啊！"刘备这才放下心来，回答说："闲来无事，消遣罢了。"曹操继续说道："我看见枝头的梅子青青，刚好我这酒也要煮好了，就邀请你来。"

说话间，两人来到小亭，桌子上摆好了一盘青梅，酒已煮好，两人对饮。曹操说道："玄德也算是游历过天下的人，必是知道这天下有谁是英雄的。"

刘备想了想，说："淮南袁术，兵精粮

足，算是英雄吧？"曹操笑着说："袁术不过是坟墓里的一把枯骨而已，我迟早会抓住他。"刘备又说："河北的袁绍，四世三公，门下有很多故吏。如今盘踞在河北地区，麾下能人不计其数，算不算英雄呢？"曹操还是笑着说："袁绍表面厉害，胆子却小，想得多，做得少。"刘备说："荆襄八俊，威震九州的刘表算英雄吗？"曹操说："刘表不过虚有其名，算不得英雄。"刘备又说："血气方刚，统领江东的孙策算英雄吗？"曹操说："孙策不过是靠着他父亲的名望而已，不算英雄。"

接着，曹操告诉刘备："英雄，就应该胸怀大志，具备雄才伟略，有包藏宇宙之机、吞吐天地之志。"刘备装作好奇的样子，问曹操："那这天下有谁能被称为英雄呢？"曹操用手指了一下刘备，又转而指着自己说："如今这天下能被称为英雄的人，只有你我二人。"刘备被曹操戳穿心事，吓得手一哆嗦，筷子掉在了地上。正巧这时，天上响起了一声惊雷。刘备趁机俯下身去捡筷子，一边捡一边说："这雷声真大，把我手上的筷子都吓掉了。"

曹操笑着说："男子汉大丈夫，还怕打雷？"这件事让曹操认为刘备不过是个胆小鬼，干不成什么大事，于是不再警惕刘备了。不久，刘备找了个机会，脱离了曹操的掌控。后来，他历尽艰难，终于成就了一番伟业。

shàng wū chōu tī
上屋抽梯

妙计破译

gù yì gěi dí rén yì xiē fāng biàn　huò zhě
故意给敌人一些方便，或者
lù chū yì xiē pò zhàn　yǐn yòu dí rén shēn rù wǒ
露出一些破绽，引诱敌人深入我
fāng fù dì　tōng guò bāo wéi qiē duàn dí rén de bǔ
方腹地，通过包围切断敌人的补
jǐ hé hòu yuán　zài jiāng dí rén xiāo miè
给和后援，再将敌人消灭。

liú qí chōu tī qiú kǒng míng
刘琦抽梯求孔明

dōng hàn sān guó shí qī　liú bèi céng yī fù yú jīng zhōu mù
东汉三国时期，刘备曾依附于荆州牧
liú biǎo　liú biǎo yǒu liǎng gè ér zi　zhǎng zǐ liú qí　cì zǐ liú
刘表。刘表有两个儿子，长子刘琦，次子刘
cóng　yīn wèi liú cóng qǔ le liú biǎo hòu qī cài fū rén de zhí nǚ
琮。因为刘琮娶了刘表后妻蔡夫人的侄女，
suǒ yǐ cài fū rén yì zhí xiǎng chú diào liú qí　ràng liú cóng chéng wéi
所以蔡夫人一直想除掉刘琦，让刘琮成为
liú biǎo de jiē bān rén　liú qí hài pà zì jǐ bèi cài fū rén suǒ
刘表的接班人。刘琦害怕自己被蔡夫人所
hài　jiù dǎ suàn xiàng zhū gě liàng qǐng jiào tuō shēn de bàn fǎ　dàn
害，就打算向诸葛亮请教脱身的办法。但

是诸葛亮觉得插手别人的家事不太好，就没有答应。于是，刘琦想了一计。

一天，刘琦邀请诸葛亮来家中吃饭，然后以藏书为饵，把诸葛亮带到了阁楼上。可是，诸葛亮在阁楼上并没有看到什么藏书，正疑惑时，发现通往阁楼的梯子已经被撤走了。

这时，刘琦突然跪在诸葛亮面前，说根本就没有什么藏书，自己之所以这样做，实在是因为性命堪忧，想求诸葛亮出个主意。诸葛亮实在没有办法，就给刘琦

讲了一个故事。

春秋时期，晋献公的儿子申生很早就被立为了太子，但晋献公宠爱的骊姬，一直劝说晋献公改立自己的儿子奚齐做太子。最后，申生被派出国都，到曲沃去了。晋献公的另一个儿子重耳，也被派了出去，到蒲城做官。没多久，骊姬在申生献给晋献公的肉食里下毒，并诬陷是申生下的。晋献公信以为真。申生百口莫辩，含冤自尽。后来，晋献公病逝，奚齐成为国君。没多久，朝堂之上发生叛乱，骊姬和奚齐都被杀死了。在外十九年的重耳得以回国即位，就是晋文公。

刘琦听完了故事，第二天就上书刘表，希望自己能去江夏驻守，防范东吴。刘表同意了。就这样，刘琦远离了政治斗争的漩涡，让蔡夫人没有了陷害他的机会。

第二十九计 树上开花

妙计破译

借助某种手段，布置出一种对自己有利的阵势。只要阵势布好了，即便是自己的兵力很弱小，也可以让别人看起来很强大。鸿雁飞到山头，其羽毛可用作文舞的道具，此为吉兆。

张飞大战长坂桥

公元208年，曹操率军南下，志在荆州。此时刘表病逝，次子刘琮成为新任荆州牧。刘琮听说曹操打来了，立刻投降了曹操。当时，依附荆州的刘备羽翼未丰，他决定离开荆州，前往江陵。

刘备在荆州颇有贤名，荆州不少官兵

和百姓都很拥护他。他们听说刘备要走，都选择跟随刘备，人数多达十几万。

曹操得知刘备离开后，立刻派出五千精锐去追击。刘备要顾及百姓，行军速度很慢，在长坂坡被曹军追上了。混乱中，刘备只带着张飞、诸葛亮等数十骑逃走。危急之中，他命张飞断后。张飞随即率二十多名骑兵据守长板桥。

可是，二十几个人再勇猛，也无法挡住五千曹军。怎么办呢？张飞粗中有细，想出了一个好办法。他命骑兵把战马栓在附近的树林中，并砍下树枝绑在马尾上，然后抽打战马。战马吃痛，胡乱踢腾，引得树枝在地上乱拍乱打，扬起大量尘土。张飞自己则独自骑马守在长板桥上，手握长矛，威风凛凛。

很快，曹军追来了。张飞一见他们，就瞪起眼睛，怒吼道：："吾乃燕人张翼德也，谁敢与我决一死战！"

曹军见张飞气势逼人，后面的树林里又有许多烟尘，担心中了刘备的埋伏。他们进又不能进，只能慢慢退兵。就这样，刘备等人靠着张飞的树上开花之计，逃过一劫，有了在蜀地东山再起的机会。

第三十计

反客为主

tǎn kè wéi zhǔ

妙计破译

zhǎo zhǔn shí jī chā zú jìn qù　zhǎng kòng duì
找准时机插足进去，掌控对

fāng de guān jiàn　yào hài　zhè ge guò chéng bù kě
方的关键、要害。这个过程不可

cāo zhī guò jí　yào xún xù jiàn jìn
操之过急，要循序渐进。

guō zǐ yí tuì bīng
郭子仪退兵

táng cháo shí　　yì zú dà jiàng pú gù huái ēn jǔ bīng zào fǎn
唐朝时，异族大将仆固怀恩举兵造反，

qǐ bīng sān shí wàn　bīng fēn sān lù gōng dǎ cháng ān　táng dài zōng
起兵三十万，兵分三路攻打长安。唐代宗

mǎ shàng pài qiǎn qī lù guān bīng yíng zhàn　qí zhōng yí lù yóu lǎo jiàng
马上派遣七路官兵迎战，其中一路由老将

guō zǐ yí shuài lǐng　qián wǎng jīng yáng yíng zhàn　kě shì　dāng guō
郭子仪率领，前往泾阳迎战。可是，当郭

zǐ yí shuài bīng gǎn dào jīng yáng de shí hou　　jīng yáng zǎo yǐ bèi tǔ
子仪率兵赶到泾阳的时候，泾阳早已被吐

bō　huí hé de lián jūn bāo wéi　　jiù lián rù chéng dōu zuò bú dào
蕃、回纥的联军包围，就连入城都做不到。

guō zǐ yí zhǐ hǎo zhā xià yíng zhài，zì jǐ shuài lǐng liǎng qiān qí bīng
郭子仪只好扎下营寨，自己率领两千骑兵，

lái dào zhèn qián
来到阵前。

huí hé jiāng jūn tí chū tiáo jiàn，xiǎng yào jiàn jian guō zǐ yí
回纥将军提出条件，想要见见郭子仪。

guō zi yí tóng yì le，tā qián wǎng huí hé dà yíng de shí hou，zhǐ
郭子仪同意了，他前往回纥大营的时候，只

dài le jǐ gè suí cóng
带了几个随从。

guō zǐ yí lái dào huí hé jūn yíng qián，diū xià wǔ qì，yòu
郭子仪来到回纥军营前，丢下武器，又

tuō xià tóu kuī、kǎi jiǎ，zhǐ qí zhe yì pǐ mǎ màn màn de xiàng qián
脱下头盔、铠甲，只骑着一匹马慢慢地向前

zǒu。huí hé dū du
走。回纥都督

yào gě luó gǎn jǐn hé
药葛罗赶紧和

qí tā huí hé jiàng lǐng
其他回纥将领

chū lái yíng jiē，gěi
出来迎接，给

guō zǐ yí xíng lǐ
郭子仪行礼。

yào gě luó mǎn liǎn xiū
药葛罗满脸羞

kuì de duì guō zǐ yí
愧地对郭子仪

shuō："wǒ men nǎ
说："我们哪

lǐ xiǎng yào bèi pàn dà
里想要背叛大

táng a！yīn wèi pú
唐啊！因为仆

固怀恩告诉我们，郭老令公已经死了，大唐的皇帝也死了，现在大唐是一块无主之地。听了这些话，我们才到这里来的。现在知道您还在，我们哪里会和您作战呢？"郭子仪对药葛罗说："吐蕃裹挟回纥一起和大唐作战，无非是想要利用回纥来获得更多的利益。如果回纥与大唐结盟，一起打退吐蕃，这样大唐和回纥就能重归于好。"

郭子仪在阵前出现，前往回纥大营的消息很快就传开了。吐蕃人听到以后很是害怕，认为回纥一定会和大唐联合起来攻打自己，于是连夜拔营撤退了。回纥人知道以后，马上率领大兵追杀吐蕃人，连续几次击败吐蕃。就这样，郭子仪凭借一手反客为主，以最小的代价化解了大唐的危机。

bài
zhàn
jì

败战计

妙计破译

第三十一计

美人计

měi rén jì

面对兵力强大的敌人，要攻击对方的统帅；对于有智慧的统帅，要打击他的情绪。统帅情绪低落，兵士颓废消沉，敌人的气势自然就会萎缩。这样做更有利于我们抵御敌人，保全自身。

鲁国是如何衰落的

春秋末年，鲁定公任命孔子为中都宰（古代官职名，中等都市的行政长官）。一年后，由于孔子政绩斐然，鲁定公提拔他做了大司寇（相当于现在的司法部部长）。

孔子治理鲁国期间，参与了著名的"夹谷会盟"。那是公元前500年的夏天，齐景……公邀请鲁定公在夹谷友好会盟。鲁定公欣然前往，孔子随行。在孔子的提醒下，鲁定公调了一支军队跟在后面，以防有诈。

事实证明，孔子确实有先见之明。齐景公会盟是假，实际上是想劫持鲁定公，胁迫鲁国满足齐国提出的条件。所以，他特地安排手持武器的人表演歌舞。孔子看出了表演背后的危机，果断登上台阶，命令主事的官员处死这些表演者，然后义正词严地责备了齐景公一番。齐景公自知理亏，担心因此得罪鲁国，就归还了过去侵占的鲁国领土。

公元前496年，鲁定公让孔子代理相国的职务。孔子兴礼乐、重教化，把鲁国治理得欣欣向荣。

这下，齐景公坐不住了，他担心鲁国强大后会吞并齐国。于是，他挑选了十八个美貌的女子和一百二十四骏马，一起送给鲁定公。从此，鲁定公开始沉湎于享乐，不理朝政了。孔子直言劝谏鲁定公，可鲁定公一点儿也听不进去，还越来越讨厌孔子，后来干脆对孔子避而不见。孔子知道自己的政治理想无法在鲁国实现了，就带着弟子离开了鲁国。鲁国就这样渐渐衰弱下去，最后被楚国所灭。

妙计破译

当我们的力量比敌人薄弱的时候，如果进一步凸显出我们的空虚和不足，反而会让敌人生出疑虑；在面对敌众我寡的情况时，这种十分神奇的战术往往可能取得意想不到的效果。

空城计

第三十二计

诸葛亮抚琴诈敌

古典名著《三国演义》中有这样一段：蜀汉丞相诸葛亮第一次北伐魏国时，因为错用马谡而丢失了战略要地街亭，使北伐无以为继。无奈之下，诸葛亮只能暂时退兵，带五千名士兵退去西城县搬运粮草。到了西城县，他派两千五百名士兵去押运粮草，自己和剩下的两千五百名士兵守城。突然飞马来报，司马懿亲率十五万大军，正往西城县奔来，眼看就要兵临城下了。

危急关头，诸葛亮下令："将城中所有的旗帜都放倒收起来，士兵们隐匿在各自驻地的房舍和围墙中，不许发出任何声响，违令者斩！另外，将东南西北四面的城门都打开，每处城门前安排二十名扮成百姓模样的老弱士兵洒水扫街，表现得轻松自如一些，不要紧张。"布置妥当后，诸葛亮就走上城头，怡然自得地弹起琴来。

魏军来到城下，看到诸葛亮坐在城头弹琴，一派悠然自得的模样，身后还跟着两个童子，一个手捧宝剑，一个手持拂尘。更加奇怪的是，城门居然是打开的，城门口还有一些百姓在低头洒扫，泰然自若，不慌不忙。

司马懿担心有诈，不敢贸然进攻。他凝神听琴，突然脸色大变，命全军立即撤退，众人都一头雾水。直到撤离一段距离后，司马懿才心有余悸地说道："刚才我一直在听诸葛亮弹琴，最初，琴音是平和淡然的，但是突然，琴音变得昂扬激烈，杀机四起。我们再不走，恐怕就走不了了！"众人相信了司马懿的判断，马不停蹄地慌忙逃离了。此时，诸葛亮擦了擦额头上的冷汗，笑了起来。

妙 计 破 译

第三十三计 反间计

妙 计 破 译

在对手布置的疑阵中再反设一层疑阵，然后利用对手用来对付我们的策略，反向地打击对手，诱使对手内部产生矛盾，从而获取胜利。

蒋干偷书

三国时期，赤壁之战爆发前夕，东吴都督周瑜率军与曹操百万大军隔江对峙，双方剑拔弩张，大战一触即发。曹操手下的谋士蒋干与周瑜是旧相识，两人儿时曾同窗求学，算是有些交情。蒋干向曹操毛遂自荐，说自己愿意去东吴做说客，劝降周瑜，免得双方大动干戈。曹操同意了。

这天，周瑜正忙着处理公务，突然听到有人通报，说"有故人蒋干来访"，连忙出帐迎接。周瑜和蒋干多年未见，此时重逢，都很高兴。二人寒暄一番后，周瑜就命人大摆宴席，又将文武官员都叫来作陪，一起欢迎蒋干。

宴席开始后，周瑜说："今天的宴席，我们只叙同窗之情，绝对不谈两家战事，若有人违反规矩，直接就地正法！"

一听这话，蒋干脸都吓白了，哪里还敢提劝周瑜投降曹操的事情。

在宴席上，周瑜喝得酩酊大醉。宴席结束后，蒋干把周瑜扶回大帐。他听着周瑜如雷的鼾声，知道周瑜猜到了他此行的目的，故意不给他开口的机会，不免一阵烦闷。总不能无功而返吧？蒋干想了想，悄声摸到周瑜的书桌前，翻阅上面的文书，想看看能不能找到有价值的情报。突然，一封书信从文书中掉了出来。蒋干拿起来一看，竟是曹操的水军都督蔡瑁和张允写给周瑜的降书！蒋干大惊失色，赶紧将信藏在了衣服里。

第二天一大早，蒋干匆匆忙忙回到曹营，把降书交给了曹操。他以为自己撞破了周瑜的秘密，却不知自己已经中了周瑜的反间计。曹操看完降书后，果然上当，将蔡瑁和张允斩杀。因为失去了这两名大将，曹操在之后的赤壁之战中犯下大错，最终输得一塌糊涂。

妙 计 破 译

按照常理，人是不会伤害自己的，所以，如果受害，那么必然是真的；所以，以假作真，以真乱假，就能达到离间敌方的效果。用这种办法去欺骗敌人，就能更容易地达到自己的目的。

苦肉计

第三十四计

周瑜导演苦肉计

三国时期，为了对抗曹军，孙权与刘备联手，结成了同盟。东吴大都督周瑜和刘备的军师诸葛亮都认为，对付曹军，火攻是最好的选择。

就在此时，为了刺探军情，曹操派荆州降将蔡和、蔡中兄弟俩到周瑜大营诈降。

周瑜心如明镜，不动声色地接纳了他们。

一天夜里，周瑜正在思索要如何顺利实施火攻的计划时，老将黄盖突然前来，表示自己愿意去曹营诈降，助周瑜火攻曹军。可是，曹操多疑，怎样才能取得他的信任呢？黄盖自有妙计。

第二天一早，周瑜将众将领召集起来，命他们领取三个月的粮草，随时做好进攻的准备。没想到，周瑜话音刚落，便听到黄盖嗤笑道："三个月？周都督是在开玩笑吗？曹军有八十万之众，

别说三个月，哪怕三十个月，恐怕也是难以取胜的。与其这样去送死，倒不如直接投降算了！"听到这话，周瑜大怒，指着黄盖大骂道："好啊，还没开战你就在这里胡言乱语，动摇军心。来人，给我重打黄盖一百脊杖！"结果，黄盖被打得皮开肉绽，奄奄一息。

事后，黄盖托人给曹操送去一封降书，称周瑜不能容人，自己打算弃暗投明。黄盖言辞恳切，加上送信的人口才很好，曹操就信了七八分。恰好这时，蔡中、蔡和兄弟也送来密报，将周瑜打黄盖一事告知曹操。这下，曹操完全相信了黄盖。

曹操令人秘密与黄盖接触，商定好了归降的时间。最后，黄盖利用接近曹营的机会放了一把大火，将曹操的战船烧了个干净。

第三十五计

lián huán jì
连环计

妙计破译

当敌方力量强大时，不能与其硬拼，而应运用谋略，使敌方自相牵制，以削弱其力量。主帅在军中指挥，如果用兵得法，就会像有天神保佑一样。

yóu shuì zhuān jiā zǐ gòng
游说专家子贡

春秋末年，齐国相国田常的权势很大，甚至国君都被他拿捏在手里。但是他并不满足，想发动政变，自己当国君。为了提高自己的威望，为篡位铺平道路，田常决定发兵攻打弱小的鲁国。

鲁国是孔子的祖国，他得知这个消息后

非常担忧，于是将众弟子召集起来，询问他们有没有对策可以帮助鲁国渡过难关。商议一番后，孔子将这个重任交给了子贡。

子贡接到任务后，并没有去鲁国，而是跑到齐国去找田常。他对田常说："我听过这样的说法，一个国家内部有忧患的时候，应该去攻打强大的对手；而外部有忧患的时候，应该去攻打弱小的对手。现在，困扰您的忧患，是想增加封地，但是因为贵族大臣们的反对，所以求而不得，这是内部的忧患。因此，您应该去攻打强大的对手，相比吴国，鲁国确实更弱小。"

田常问："那攻打吴国会如何？"子贡说："攻打吴国，这场仗必然是不会胜利的。然而国家虽然会败，但对于您来说，却是好处多过坏处的。国家衰败了，国君和贵族大臣们的力量就削弱了。这时，您就成了齐国上下唯一能够依靠的人，国君必然会更倚重于您。"

说服了田常后，子贡又赶去吴国，求见吴国的国君夫差。子贡对夫差说："齐国要发兵攻打鲁国，一旦成功，接下来必然会南下攻打吴国，和您争夺霸主之位。如果大王能在此时援助鲁国，那完全就是扶危济困的义举，天下人都会敬佩、夸赞您的仁义。"

夫差采纳的子贡的意见。子贡又马不停蹄地奔向了越国。越王勾践听说子贡要来，赶紧亲自去迎接他。子贡说："我正在劝说吴王出兵攻打齐国，援助鲁国，他已经答应了。夫差这个人，非常凶狠残暴，为了实现自己的野心，更是连年征战，士兵们早就怨声载道。您现在就应该支持夫差去攻打齐国，这样一来，无论最后胜负如何，夫差的力量都会遭到削弱，等到那个时候，您的机会就来了。"

游说完勾践之后，子贡又赶到晋国，告诉晋国的国君，吴王夫差很快就会出兵攻打齐国，一旦成功，必然会继续向晋国进攻，一定要做好应敌的准备。

在子贡的连环游说和推动下，天下局势很快就发生了变化。越王勾践向吴王夫差表示，支持他攻打齐国；吴王夫差率大军在齐鲁边境与齐军交战，把齐军打得溃败而逃，而后乘胜攻打晋国，但由于晋国方面早有防范，最终夫差落败；越王勾践得到消息后，立即带兵攻入吴国。最后，勾践成为新的春秋霸主，而鲁国也得以保全。

第三十六计

走为上计
zǒu wéi shàng jì

妙计破译

dí jūn shí lì tài qiáng de shí hou yīng gāi
敌军实力太强的时候，应该

xuǎn zé chè tuì bì kāi qiáng dí tuì zài zuǒ bian
选择撤退，避开强敌。退在左边

zhā yíng jì bú huì yǒu wēi xiǎn yě méi yǒu wéi
扎营，既不会有危险，也没有违

bèi xíng jūn cháng dào
背行军常道。

刘邦急走鸿门宴
liú bāng jí zǒu hóng mén yàn

gōng yuán qián nián liú bāng dà jūn shuài xiān gōng rù xián yáng
公元前206年，刘邦大军率先攻入咸阳

chéng xiàng yǔ dé zhī zhè ge xiāo xi dǎ suàn gōng dǎ liú bāng xiàng
城。项羽得知这个消息，打算攻打刘邦。项

yǔ yǒu bīng mǎ sì shí wàn zhù zhā zài hóng mén ér liú bāng bīng mǎ
羽有兵马四十万，驻扎在鸿门，而刘邦兵马

zhǐ yǒu shí wàn zhù zhā zài bà shàng liǎng jūn xiāng gé bú guò sì shí
只有十万，驻扎在灞上，两军相隔不过四十

lǐ dì xiàng yǔ de shū fù xiàng bó hé liú bāng shǒu xià de móu shì
里地。项羽的叔父项伯和刘邦手下的谋士

zhāng liáng yǐ qián jiù rèn shi zhāng liáng hái céng jiù guo xiàng bó de mìng
张良以前就认识，张良还曾救过项伯的命。

项伯念着这份交情，偷偷赶去灞上，叮嘱刘邦一定要亲自去向项羽赔礼道歉。

次日清晨，刘邦带着张良、樊哙以及一百多个随从去了鸿门。见到项羽之后，刘邦赶紧上前，低声下气地说道："听说居然有人四处散布流言，还在您面前挑唆，破坏我们的关系，这可真是太不幸了，将军可千万不要轻信小人之言啊！"看到刘邦一副情真意切的样子，项羽不免有些心软，当即下令设宴招待刘邦。

在宴席上，项羽的谋士范增多次示意项羽诛杀刘邦，以除后患，但项羽迟迟不下命令。于是，范增安排项羽的堂弟项庄给众人舞剑助兴，打算借机杀了刘邦。

项伯看出了项庄的用意，于是也拔剑起舞，和项庄一起"表演"，实则是为了保护刘邦，让项庄没有机会实行刺杀。

等在外面的樊哙听说刘邦有危险，提着剑就冲进了营中，怒气冲冲地直视项羽，端起酒一饮而尽，然后气愤地说道："沛公这般忠心，不仅没得到什么赏赐，反而让将军生出猜忌之心，想要杀害他，将军这难道是要走秦王的老路吗？"听了这话，项羽一时也有些心虚，越发拿不定主意杀刘邦了。

刘邦见情势有所缓和，便以如厕为由，悄悄离开宴席，留下礼物让张良分别交给项羽和范增，之后就在樊哙的护送下偷偷离开，回到了灞上。